لَويْن رايْحين؟

سعْد العايِد

Where Are We Going?

Levantine Arabic Reader – Book 12
(Syrian Arabic)

by Saad Al-Aayd

lingualism

© 2021 by Matthew Aldrich

The author's moral rights have been asserted. All rights reserved. No part of this document may be reproduced or transmitted in any form or by any means, electronic, mechanical, photocopying, recording, or otherwise, without prior written permission of the publisher.

ISBN: 978-1-949650-55-6

Written by Saad Al-Aayd

Edited by Ahmed Younis and Matthew Aldrich

English translation by Saad Al-Aayd

Cover art by Duc-Minh Vu

Audio by Saad Al-Aayd

website: www.lingualism.com

email: contact@lingualism.com

Introduction

The **Levantine Arabic Readers** series aims to provide learners with much-needed exposure to authentic language. The fifteen books in the series are at a similar level (B1-B2) and can be read in any order. The stories are a fun and flexible tool for building vocabulary, improving language skills, and developing overall fluency. **This book is specifically Syrian Arabic.**

The main text is presented on even-numbered pages with tashkeel (diacritics) to aid in reading, while parallel English translations on odd-numbered pages are there to help you better understand new words and idioms. A second version of the text is given at the back of the book, without the distraction of tashkeel and translations, for those who are up to the challenge.

Visit the **Levantine Arabic Readers** hub at www.lingualism.com/lar, where you can find:

- **free accompanying audio** to download or stream (at variable playback rates)

- a **guide** to the Lingualism orthographic (spelling and tashkeel) system

- a **blog** with tips on using our Levantine Arabic readers to learn effectively

لَوين رايْحين؟

حَطّ أغْراضو بِالسّيّارة بيك أب، قديم بَسّ شَغّال وُبْيِمْشي، مِتِل ما هالوَطَن ماشي.

قالَ لِوْلادو: طْلَعوا يا بابا بِالسّيّارة مِن وَرا واقْعُدوا فَوْقَ الأغْراض مِشان ما يْطَيِّرْن الهَوا.

شِتْوِيةْ ٢٠١٥ كانَت بارْدِة على غَيْر العادِةْ. كانَ البَرْد بِيْقُصّ المِسْمار.

مَرْتو قاعْدِة بِالسّيّارة مِن قُدّام، وَحامْلِة وَلد بَيْنَ دَيّاتا. وَشارْدِة بِالمْراية عم تِتْطَلّع على دْمار البْيوت.

الوَلَد عَم يِبْكي، وَالإمّ مانْها سامْعة شي. بِرأسْها بَسّ صَوْت القَذائِف وَالتّفْجيرات وَصَيْحات النّاس مِنْ اللّيْلة الماضْية.

صَوْت تَسْكير باب السّيّارة خَلّاها تِرْجَع لِلْواقِع.

تْطَلّعَت بِزَوْجا وَقالَت: "وَهَلّأ لَوين؟"

قَلّا: "لَوين يَعْني؟ بْلادْ الله الواسْعة. بِالوَقْت الحالي ما في غَيْر مْشرِّق."

قالَت مَرْتو: "مْشرِّق!؟ داعِش؟"

Where Are We Going?

1) He put his stuff in the pickup, [which is] old but still works, as does the homeland.

2) He said to his children, "Kids, get in the back of the pickup and sit on the things, so the wind doesn't make them fly off."

3) The winter of 2015 was unusually cold. The cold could cut through nails.

4) His wife is seated in the front seat, with a baby in her arms, staring absent-mindedly into the car mirror, watching the ruins of buildings.

5) The baby is crying, and the mother can't hear anything. In her head was the sound of shells, explosions, and people shouting from last night.

6) The sound of the car door closing brought her back to reality.

7) She looked at her husband and said, "And now where to?"

8) He said to her, "What do you mean 'where to'? The vast land of God. At present, there is only east."

9) And his wife said, "East!? ISIS!?"

١) "يا إمّ مُحَمّد، وَين بدْنا نْروح؟ مغرْب؟ لعنْد النّظام يلّي عم يآجِر فينا كلّ يوْم، وَدمّر بْيوتْنا وْقتَل إخْواننا وأصْحابْنا وأهْلنا وْولادْنا؟ بعْرف إنّو رح نمْشي لَمْكان فيّو داعش، بسّ ما في خْيار تاني. وَبعْدين منْشوف شو بدّنا نَعْمل. هلّأ أهمّ شيْ نْوصَل لَمْكان نرتاح فيهْ مْن القصْف و نوْمتْنا بالقْبو لإسْبوع."

٢) قاطعْتو مرْتو: "بسّ يا أبو مُحَمّد وَين بدّنا نقْعُد؟ بالشّارع مِتْل ما صار فينا المرّة الماضْية؟"

٣) "الله بْيفرْجا مِتل ما فرّجا مْن قبْل." جاوَبا أبو مُحَمّد. وَكفّا كْلامو: "منْقعُد كم يوْم بالسّيّارة، والخيْمة لسّاتا موْجودة وْفي بطّانيّات معْنا. بسّ خلّينا نْوصَل لأيّ مكان ما يْكون فيّو قصْف، ونْلاقي أيّ مكان نحُطّ فيه الخَيْمة مؤقّتاً. وخلّينا نْوصَل بْخير وسلامة بالأوّل، ومْشان النّوْمة لا تاكْلي همّ. بسّ خلّينا نعْبُر الحواجز بْخير وسلامة ونْوصَل منْطقة ما يْكون فيها قصْف وطيَران وبراميل.

٤) طالع عيسى باكيت الدّخّان وسَحَب سيكارة، ورَمى الباكيت على تابْلو السّيّارة، وتْطلّع ع اللي فضَل مْن البيْت، وهزّ راسو... وَمشّيت السّيّارة.

لوَيْن رايْحين؟ | 4

"Imm Muhammad, where do you want us to go? To the west? Into the regime that torments us every day, which destroyed our homes and killed our family, friends, and children? I know that we are going to ISIS areas. We have no other choice, and later we will see what we can do. The most important thing is to get to a place where we can rest from the bombing and sleep in a basement for a week."

His wife interrupted him, "But Abu Muhammad, where will we stay? In the street, like last time?"

"God gives relief as He did before." He answered her and carried on speaking, "So, let's stay in the car for a few days. We still have the tent, and we have blankets. We just want to get to a place where there is no bombing and find a suitable place to camp temporarily. Let's get to a safe place first, and as for the sleeping, don't worry. First, let's just cross the checkpoint safely and reach an area where there is no bombing, warplanes, or barrel bombs.

Issa got out a pack of cigarettes, took out one cigarette, and threw the pack into the glove compartment. Then he looked at his destroyed home. He shook his head. And the car drove off.

---

[1] أبو مُحمّد Abu Muhammad [lit. Muhammad's father] is a kunya (teknonym), a nickname derived from one's eldest child. Abu Muhammad's real name is Issa, as you will hear later in the story. His wife is Imm Muhammad [lit. 'Muhammad's mother].

بعد ساعتين سْواقة، فَجْأةً حاجز بِالطّريق. عالم لابْسة أسْوَد بأسْوَد والعَلَم أسْوَد. الشّي الوَحيد بْهَيّ اللَحْظة يلّي كان مْلوَّن هيِّ دْقونُن.

فَوْرِيّاً عيسى عِرِفَ مين هَدوْل. "بلا ما نوَقّع بِالمشاكِل مع حدا." هَيْك قال عيسى وهُوِّ عم يْكِبّ باكيْت الدّخّان من شِبّاك السِّيّارة.

وَقّفَو الحاجز، قَرّبَ عليْه واحِد أسْمر، مْخَفِّف شوَارْبو، ودقْنو طْويلِة، والسّلاح تَحتَ باطو مْوَجّهْ على عيسى، وعْيونو بعْيون عيسى. كإنّو جايّ يضرِبو.

دَخّل راسو من شِّباك السّيّارة المَفْتوح حَتّى حَسّ عيسى بْنفَسو على وِشّو.

سألو: "مِن ويْن جايّين؟ لَويْن رايْحين؟

وبَسّ عيسى بلَّش يحْكي: "هَرَبْنا مِن قصْف مْبارِح... صرلْن..."

قاطعو الأسْمر وقالو: "أوْراقْكُم."

أخذ عيسى الأوْراق مِن جيْبو وعطاهُ ياهْن.

"دفْتر العيْلِة وشِهادات الوِلادِة، وشِهادات الوَفاة."

سألوا الأسمر: "ما معك إثْباتات ثانْيِة غيْر دفْتر العيْلِة؟

After two hours of driving, suddenly a roadblock appeared in the road. People wearing black on black, and their flag is black, too. The only thing they have with color at the moment is their beards.

Issa immediately knew who these [guys] were. "We don't want to get into trouble," Issa said as he threw the pack of cigarettes out of the car window.

The checkpoint stopped them. A man approached him, dark-skinned with a long beard and his weapon under his arm, aimed at Issa, staring into his eyes as if he wanted to hit him.

He put his head into the car through the open window until Issa felt his breath on his face.

He asked him, "Where are you coming from? And where are you going?"

And as soon as Issa began to speak, "We escaped from under the bombardment last night that they've been…"

The dark-skinned man interrupted him and said, "Your identification papers."

Issa pulled the papers from his pocket and gave them to him.

"Family book, birth certificates, and death certificates."

The dark-skinned man asked him, "Don't you have any other identity papers besides the family book?"

"انحرقوا مع بيْتْنا بالغوطة. وهدوْل كُلّ الأوْراق يَلّي صفْيانين معي، وفي شِهادات الميلاد وشِهادات وَفاة وْلادي إذا بيلْزموك بِشي؟" جاوَبو عيسى.

وكَمَّل عيسى بِالحكي: "هيِّ السِّيّارة وكُلّ يَلّي فِيا هو يَلّي صْفيلي بْهالدِّنْي و..."

قاطعو الأسْمر مرّةْ تالْتِة ومانو عاطي أهَمّيِّة لكلّ حديث عيسى: "لَيْش حالِق دَقْنَك، لَيْش لابس هيْك لِبس؟ لازِم لِبْسَك يْكون فضْفاض، وَفَوْق الكاحِل بِشِبر... بعْديْن لَيْش بِنْتَك مانا مْحجَّبة؟"

"بَسّ بِنْتي عُمْرا ٨ سْنين!" جاوَب عيسى بِاسْتِغْراب.

"أيْ و٨ سْنين؟ صارِت صبية. والبنات يَلّي بِجيلا بعِد سِنِة بيصيروا خَرْج زَواج."

نْصَدَم عيسى مِن كلام الأسْمر. "إن شاء الله بَعْمِلْ كِلّ يَلّي أمَرْتْني فيه."

صوْت واحِد عمّ يْنادي عَ الأسْمر، أبو أُسامة. "الأمير بِدّو ياك. روح فَوْرِيّاً وعالسّريع."

الأمير رُتْبِة قِيادية بيْن صُفوف داعِش، وغالِباً كانت هالرُّتْبِة لِلمْهاجْرين الأجانِب المِنْضّمين لداعِش.

"They burned down with my house in Ghouta. These are all the papers that I was able to get. I also have the birth and death certificates of my children, if they are of any use to you," Issa answered.

Issa continued talking, "This car and all that I carry in it is all I have left in this world. And..."

The dark-skinned man interrupted, giving no importance to what Issa was saying. "Why are you shaved? Why are you wearing these clothes? You should wear loose-fitting clothes. It should be an inch above the ankle. Also, why doesn't your daughter wear a hijab?"

"But my daughter is eight years old," Issa answered with astonishment.

"Yes, eight years? She's a young girl now, and girls of her age can get married."

Issa was shocked by the dark-skinned man's words. "God willing, I will do whatever you ask for."

A man called the dark-skinned man [by the name] Abu Osama. "The amir wants you. Go to him right away and quickly."

Amir [commander] is a leadership rank in ISIS. Often this rank was given to immigrants of foreign origins who joined ISIS.

"اِسْتنّاني هوْن." هيْك أبو أُسامة قال لعيسى قبِل ما يُرْكُض وبْإيدو دفْتر العيْلة تبع عيسى.

إمّ مْحمّد بِسخْرية: "أبو أُسامة والأمير وأبو فْلان وعِلّان... لك ويْن نِحْنا! بِسورْيا؟

عيسى: "لك سْكتي لا حدا يِسْمعْنا. هدوْل ما معْن لِعِب، قصْدو داعِش، قطْعِةْ الرّاس عنْدُن مِتِل قوْلِةْ المرْحبا، يَعْني إذا بيصير عليْنا شي هلأّ مين بِضلّ للوْلاد؟ ما ضلّ عِنْدُن لا خال ولا عمّ ولا جدّ ولا حدا. حتّى خْوالُن وعْمامْن يَلّي فِضْلوا. نُصُّن بالمُعْتقل والنُّصّ الثّاني برّا البلد، وكُلّ واحِد عِنْدو حِمِل ما بِتْشيلو الجْبال، وبْيِحِسْدوا الميْتين من همُّن.

إمّ مْحمّد: "لك بعْرِف بسّ شي بيجنّن، يَعْني جاييّن يْعلّْمونا الدّين كإنّو نِحْنا مِن كَوْكب تاني، تْحمّلْنا كِلّ هالسّْنين تحْت القصِف والدّمار والقذائِف مِشان الوْلاد. بسّ الجنّة مو بسّ إلْن."

"أبو أُسامة عم يِلْهث وقّف عِنْد سيّارِةْ عيسى وقال: "نْزوْل مْن السّيّارة وتعال معي!"

سألِتو إمّ مْحمّد: "خيْر يا أخي شو في؟"

"Wait for me here," Abu Osama said to Issa before he ran with Issa's family book in his hand.

Imm Muhammad [said] sarcastically, "Abu Osama, the amir, and Abu so-and-so... Where are we? In Syria?"

Issa [said], "Mind what comes out of your mouth. There is no room for joking, especially with them, with ISIS. Beheading here is like saying hello. If something happens to us, who will be left for our children? They no longer have any maternal uncle, uncle, grandfather, or anyone else. And half of what was left for them from their maternal uncles and uncles were arrested and the other half outside the country. And all of them had enough worries that the mountains could not carry. And they envy those who died.

Imm Muhammed [said], "I know, but this is crazy. These people are coming to teach us the religion, as if we are from another planet. We endured all these years with shelling, destruction, and bombs for the sake of the children. But heaven isn't just for them."

Abu Osama, panting, stopped at Issa's car and said, "Get out of the car and come with me!"

Imm Muhammad asked him, "My brother, is everything alright?"

”لا، ما في شي بسّ الأمير بِدّو يْشوف صاحِب السّيّارة. وأمرْني إنّي جيبو عَ المكْتب. بسّ شغْلِةْ كم سُؤال وبْرجّعوا.“ هيْك قال أبو أُسامة.

وهُوِّ عمّ ينْزِل مْن السّيّارة تْطلّع عيسى على مرْتو وقال: ”ديري بالِك على الوْلاد إذا صار عليّ شي.“

عِنْد باب غرْفِة بِنصّ الخيَم. كان عيسى عم يِسْتنّى يْفوت لعِنْد الأمير. بسّ كِلّ يَلّي مرّ فيه بِالسّنين الماضيِة خلّت عيسى ما يْخاف، لا مِن أمير وَلا وَزير وَلا حتّى رئيس. يَلّي خِسْرو بِالسّنين الماضيِة خَلّتو فاضي مِن جُوّا. بْيِشْبهْ الإنْسان مِن برّا، بسّ روْحو ماتِت مِن زمان، مِن وَقِت أوّل قصِف بِالغوطة وموْت أهْلو واتْنيْن مْن وْلادو.

نِسْمِةْ هَوا عم تْحرِّك الخِيَم والشّجر حوْل الغرْفِة.

تعْبان وعْيونو حِمِر، أواعيه مْشقّقة ووِسْخة. نْحيف مِن جوع الحِصار يَلّي صار بِالغوطة، ومِن يوْمْها الجوع ما فارقو. عيسى واقِف مِتِل عامود الكهْربا وَلا حركِة ساكِن. لِلحْظة بْتِحِسّ إنّو ما في نفس لا شهيق ولا زفير. عْيونو بِالأرْض مفْتوحين كإنّو مْركِّز بِشي بسّ وَلا رمْشِة أَوْ حركِة.

"There is nothing to worry about. The amir wants to see the owner of the car, and he has ordered me to bring him to the office, to ask him some questions, and I will return him." This is what Abu Osama said.

Issa said as he got out of his car and looked at his wife, "Take care of the kids if something happens to me."

At the door of a room in the middle of the tents, Issa was waiting to enter to see the amir. But all that he had gone through in the past years made Issa fearless, not of an amir, minister, or even a president. What he lost in the past years made him empty from the inside. He looks like a human being from the outside, but his soul died a long time ago, from the moment Ghouta had been bombed, and his family and two of his children died.

A breeze moves the tents and trees around the room.

His eyes were red from fatigue. His clothes were torn and dirty. His body was skinny from the hunger that he experienced during the siege of Ghouta, and since that time, hunger has accompanied it. Issa was standing like a pole without any movement. For a moment, you feel that he does not inhale or exhale. His eyes are open, staring, and focused on the ground without blinking or movement.

لَوْ شِفْتوا بِهديك اللّحْظة لعيسى، لَيْوَقِّف قلْبك مْن السُّكون يَلّي كان مْسَيْطِر عَ المكان، بِتْحِس إنّو ما في حدا بِهالكوْن غيرْ عيسى.

وبْصوْت جايّ مْن بْعيد: "يا أخي! أخي... إنْتَ هوْن؟ فوت، الأمير مِسْتنّيك."

رفع راسو ومِشي لعِنْد الباب. كان مْخّو مْشوَّش، لحتّى وَقّفِتو بِرْدايِةْ الباب، رفع البرْدايِة بِإيدو اليَسار ودخل.

"السّلامُ عليْكُم."

ردّ الأمير: "وعلَيْكُم السّلام."

أوّل شْعور حسّ فيه عيسى بِالغرْفِة، حسّ بِالدّفى. صوْبْيِةْ الحطب شغّالِة ولوْنا أحْمر مِن كتِر مانا حامْيِة.

الأمير قاعِد وَرا مكْتب، شِكْلو مانوْ سوري أَوْ عربي. حتّى لُغتو العربية مْكسّرة.

قال لعيسى: "قرِّب تعال!"

تْحَرَّكْ عيسى وقرّب مِن طاوِلْةْ المكْتب وعْيونو عم تِطَّلّع عَ الأوْراق المَوْجودِة فوْق المكتب. بيْن الأوْراق كان دفْتر العيلِة.

If you had seen this moment of Issa's, your heart would've stopped because of the silence that dominated the place, and you would feel that there was no one in the universe except Issa.

In a voice coming from afar, "Brother! Brother... Are you here? The amir is waiting for you."

He raised his head and started walking to the door. His mind was confused until the curtain of the door stopped him. He raised the curtain with his left hand and entered.

"Peace be upon you!"

The amir replied, "Peace be upon you!"

The first thing Issa felt inside the room, he felt warm. The wood stove was reddish from the intensity of the flame.

The amir was sitting behind a desk. He didn't seem Syrian or even Arab. Even his Arabic was broken.

He said to Issa, "Come closer!"

Issa moved closer to the disk's table, and his eyes look at the papers above the desk. Among the papers was his family book.

تْنحنح الأمير وسأل: "إنتِ كنْت بمِناطِق النِّظام [قصْدو النِّظام الحاكم] وهلأ جايّ تْدْخُل على مناطِقْنا. بِدون أوْراق ثِبوتية. أنا شو بِعرِّفْني إنّك مانك عميل للنِّظام؟ أوْ بِجوز عميل لشي دَوْلِة ثانْيِة؟ أوْ بِجوز قسد [قُوّات سورْيا الدّيمُقْراطية] الكُرْد؟

"أنا يا سيدي..."

"لا تْقلِّي 'يا سيدي'." قاطع الأمير عيسى.

تْنهّد عيسى وقال: "طيِّب يا أخي، أنا صار لي ٤ سْنين مْشرَّد مِن مكان لمكان، ومِن بيْت لخيْمِة ومِن خيْمِة لبيْت. قعدْت بِكِل مكان تقْريباً مِن هوْن للْغوطة. تْحاصرْنا وجِعْنا، نْذلّيْنا وخْسِرْنا كِلّ حدا غالي عليْنا. عِشْت أيّام مع عيْلْتي ما بْيِعْرف فيها غيْر ربّ العالمين..."

"يَعْني مْفكّر إنْتِ الوَحيد يلّي مر بِهيْك شي. شوف إخْوانك المُجاهِدين، تركوا كُلّ شي وَالْتحقوا بِصُفوف الدَّوْلة الإسْلامية [داعِش]. وقدّموا أرْواحْن فِداءً للدَّوْلِة، جاءوا مِن كُلِّ مكانٍ بِالعالم لِيَنْصروا الدَّوْلة [بِاللُّغة العربية الفصيحة طبْعاً]." وكفّى الأمير: "تركْنا بْلادْنا وأرْضْنا وجينا مِنْشانْكُن..."

The amir coughed and asked, "You were in the regime's regions [meaning the ruling regime], and now you came to enter our territories... without identity papers. How would I know that if you are not an agent of the regime? Or possibly for another country? Or possibly for the Kurds [Syrian Democratic Forces].

"Sir, I..."

"Don't call me sir!" The amir interrupted Issa.

Issa sighed and said, "Well, brother, for four years, I have been homeless, from house to tent and from tent to a house, and I settled in almost every area between here and Ghouta. They starved us, surrounded us, humiliated us, and lost people close to our hearts. I lived days with my family that only God knows what we have suffered...."

"Do you think that you are the only one who went through such difficult circumstances? Look at your Mujahideen brothers. They left everything behind to join the Islamic State [ISIS]. They offered their souls as a sacrifice for the state, and they came from all over the country to support us. [speaking in classical Arabic, of course]. The amir continued, "We left our country and our land and came for you...."

بْهَيّ اللّحْظة عيسى غرْقان بأفْكارو والحيرة باينِة على وِشّو، ما عمّ يِسْمع شي مِن حكي الأمير. فِهْم اللِّعْبِة يلّي عم يِلْعبا الأمير معو. ومرّ بِبالو إنّو نفْس الأفْكار ونفْس الحكي سِمْعو مِن قبِل طول سْنين الحرْب الماضيِة. بسّ بوِشّ تاني ودقِن.

كانِت أفْكارو عم تْصْرُخ بأعْلى صوْت كلُّن مِتِل بَعضْ. نفْس الشِّعارات الرّنانة، نفْس الكلام عن الموْت في سبيل قيام الدَّوْلِة، سِواءً الدَّوْلِة السّورية، أَوْ الدَّوْلِة الإسْلامية (داعِش)، أَوْ الدَّوْلِة الكُرْدية. أَوْ...

قائمِةْ أسْماء دُوَل كْثيرة. بسّ أرْض سورْيا ما بْتوسع لكُل الدُّوَل! بْتوسع بسّ للسوريين.

ليْش لازِم كون مع طرف ضِد طرف؟ لازِم كون مُسْلِم حتّى أدخُل مناطِق داعِش؟ أَوْ كُرْدي حتّى أدخُل مناطِق الكُرْد. أَوْ علوي مِشان أُدْخُل مناطِق النِّظام؟

السّوري يلّي مانو مع أي حدا، ما عاد في إلو مكان بِسورْيا؟!.

وليْش على طول شِعاراتْن بْتِحْكي عن الموْت في سبيل القِيام؟ ما بْيِمْشي حال قِيام الدُّوَل بِدون الموْت؟!

At this moment, Issa was overwhelmed with his thoughts and confusion on his face. He could not hear anything from the prince's words. He understood the game the amir was playing with him. And it came to his mind that he had heard these words and ideas before, during the past years of war. Only a different face and with a beard.

His thoughts were screaming loud, all the same noise. The same ringing slogans. The same talk about death for the sake of establishing an Islamic state (ISIS), or Syrian, or Kurdish state... etc.

The list of the states' names is too long. But Syria's land could not accommodate all these states. It can only accommodate Syrians.

Why should I bias one side against the other? Do I have to be a Muslim to enter ISIS areas? Or a Kurd to enter the Kurdish areas, or Alawi to enter the areas of the regime?

Does the Syrian who does not belong to anyone no longer have a place in Syria?

And why do their slogans always speak about the death to rise? Can't the state rise without death?

بعْديْن إذا متْنا لمين بدْنا نْضحّي؟! كلّ يلّي خْسرْناه مو كافي؟!

لازم يمْوتوا كلّ النّاس مشان تحْيا الدّوْلة؟

يَعْني ببساطة عم يطْلبوا إنّك تمْوت إنْتِ وأهْلك وأوْلادك وكُلّ السّوريين مشان هنّ يْعيشوا.

وَقت خلّص الأمير حَكي، هزّ عيسى راسو كإنّو عم يسْمع لكل حرْف قالو الأمير.

وبلّش عيسى حكي: "معاك حقّ بكل شي قلْتو، وأنا ما عم قول إنو أنا الوَحيد يلّي مرّ بهيْك وَضع. بسّ كنْت عم حاول إشْرحْلك ليْش وويْن ضيّعت أوْراقي، وبتْمنّى إنّك تْساعدْني. صارْلي أكْتر من إسْبوع تحْت القصف..."

قاطعو الأمير: إنْتِ عم تْقول إنّك كنْت بالمكان الفُلاني؟ ويْن كنْت ساكن، بأيّ حارة؟ شو كنْت تشْتغل؟ شو في علامات مُميّزة بالمكان؟

فَوْراً عيسى جاوَب: "كنْت ساكن بالمنْطقة كذا، بالحارة كذا، صاحب البيْت إسْمو كذا، وكنْت إشْتغل خبّاز بالفرن يلّي بالشّارع كذا وإسم صاحب المحلّ كذا..."

Also, if we die, who would we be sacrificing for? Is it not enough what we lost?

Must we all die for the state to live?

It simply means that they ask you, your family, children, and all Syrians to die in order for them to live.

And at the moment, the amir stopped speaking. Issa shook his head, pretending he was listening to every syllable that he spoke.

Issa began to speak, "You're right about everything that you have said, and I didn't say that I am the only one who has gone through all of these things. But I was trying to explain to you where and how I lost my documents. And I hope you will help me. For more than a week, I lived under bombardment…"

The amir interrupted him, "You said you were in that place? Where did you live? In which neighborhood? What kind of work were you doing there? What are the known landmarks there?"

Immediately, Issa answered, "I used to live in…" that area, in that neighborhood, and "This is the name of my landlord, and I used to work as a baker in a bakery on that street, and this is the name of the bakery owner…"

تقْريباً ذكر عيسى كِلّ المعْلومات المطْلوبِة وزْيادِة.

"بْتَعْرِف شو مصيرك إذا المعْلومات كِذِب؟"

عيسى بْسُرْعة وبْطريقة عفوِية وبْدون تفْكير: "الموْت!"

هزّ الأمير راسو وقال: "طيِّب... بِالوَقْت الحالي بِدّك تِنْتِظِر حتّى نِتْأكّد مِن كِلّ المعْلومات يَلّي ذكرْتا، وبسّ تْأكّدْنا مِنْخبْرك وبعْديْن بِتْكفّي طريقك بِالسّلامِة."

"طيِّب، السّلام عليْكُم." قال عيسى وطِلِع برّا الغُرْفِة بِخطْوات سريعة وهُوِّ عم يِتْطلّع حَواليْه بِطريقو، كإنّو مْضيِّع شي. كان الوَقِت صار المِغْرِب.

وصّل السّيّارة وكُلّ عيْلْتو كانِت قاعْدِة جُوّا السّيّارة (٥ وْلاد ومرْتو). والبرْد كُلّ مالو عم بيزيد.

فتح باب السّيّارة وقال للِوْلاد: "نْزِلوا بابا والْحقوني خلّيني صِفّ السّيّارة. مو بعيد، ٥٠٠ مِتِر."

سألِتو مرْتو: "شو صار معك؟"

عيسى: "بْقِلّك بعْديْن. خلّينا نْلحِّق نْصُفّ السّيّارة وأُنْصُب الخيْمِة، رح نْبيت هوْن."

Issa more or less gave all of the required information and even more.

"Do you know what awaits you if your information is incorrect?"

Issa quickly, spontaneously and without thinking, "the death!"

The amir shook his head and said, "Very well… At this point, you must wait until we are sure of the information you have provided. When we confirm, we will inform you, and you can continue on your way as you wish."

"All right. Peace be upon you." Issa said, and he went out of the room with quick steps, looking around as if he had lost something. The time was sunset.

He got to his car, and all of his family were sitting inside the car, his five children and his wife. The cold gradually increases.

He opened the car door and said to his children, "Get out of the car and follow me to where I will park the car, not far from here 500 meters."

His wife asked, "What happened?"

Issa [said], "I'll tell you later. We have to park the car and start putting up the tent because we will be sleeping here."

وَقّف عيسى السّيّارة بمِكان شافو وهُوِّ راجع مِن عِنْد الأمير، وخِبرِتو بِالتّخْييم خلّتو يِخْتار هالمكان. ونِزِل عيسى فَوْراً مْن السّيّارة، وبلّش يْنزِّل الأغْراض مِن وَرا. كان أوّل شي مَوْجود فوْق الأغْراض هِيِّ عِدِّةْ التّخْييم. الخيْمِة، حصايِر، كرْتون لَيِسْتخِدْمو كعازِل للأرْضية، بطارية سيّارة مع لمْبِة مِشان الإضاءة، وبيدْوَنات ميّ، وتنكِةْ زيْت فاضْيِة بْيِسْتخْدِما كدفّايِةْ حطب.

في واحِد مدّ راسو مْن الخيْمِة يَلّي جنْب سيّارِةْ عيسى وقال: "بدّك مُساعدِة؟"

"أيْ علوّاه." ردّ عيسى. "بِدّي أُنْصُب الخيْمِة قبِل ما تْعتِّم العيْن وأمِّن مكان مِشان تِرْتاح فيه عيْلْتي."

"وَلا يْهِمّك أخي، هدّي وطوِّل بالك. ويْن عيْلْتك؟ تعالوا يا وْلاد فوتوا الْعبوا هوْن جُوّا الخيْمِة بِالدّفا. تعالي يا إخْتي تْفضّلي وارْتاحي هوْن مع إمّ حُسام، لبيْن ما جهّزْنا الخيْمِة."

مِشي أبو حُسام لعِنْد عيسى وسلّم عليْه وقلّو: "أنا مْحمّد."

"عيسى."

Issa parked the car in a place he had seen on his way back from the amir's, and his experience in camping made him choose this exact place. Issa got out of the car in a hurry. And he began to drop the things behind him. The first thing on top of the belongings was camping items (tent, mats, cardboard to insulate the floor, car battery with a bulb for lighting purposes, water containers, an empty oil tank made of tin to be used as a wood heater.

Someone put his head outside his tent next to Issa's car, saying." Do you want help?"

"I hope that if you can," Issa answered. "I want to finish preparing the tent before night falls so that I have a place for my family to rest in."

"Don't worry, brother, calm down and take a breath. Where is your family? Come on, kids, and get inside to play here. It's warm. Come on, sister. Take a rest with my wife inside while we will set up the tent."

Abu Hussam walked to Issa and greeted him and said to him, "I'm Muhammad."

"Issa."

"أهْلينْ عيسى!"

عيسى ومْحمّد عمّ يْجهّزوا الخيْمِة ومْحمّد عمّ يِشْرح لعيسى مِن ويْن يْجيب حاجاتو اليَوْمية، الميّ، الخِبز، الأكِل. الحطب للتّدْفِئة ومِشان الطّبِخ كمان. وفي شابّيْن مْن المُخيّم صاروا يْساعْدوهُن بْدون ما يِسْألوا إذا بِدُّن مُساعدِة. واحِد عم يْنظِّف الأرْض والتّاني عم يْدِقّ وَتد الخيْمِة.

"صارْلك زمان هوْن؟" سأل عيسى.

مْحمّد: "أيْ صارْلي وَقْت مْنيح هوْن. شي كم شهِر."

"وشو مِسْتنّي؟"

"ما عاد عْرِفت شو مِسْتنّي، وْصِلْت لهوْن مِن كم شهِر، مِتْلي مِتِل باقي العالم، بسّ منعوني مِن الفوْتِة لأسْباب أمْنية، ولازِم إنّي إسْتنّى هوْن لحتّى يِسْمحولي بِالدُّخول."

"طيِّب وشو الحلّ؟ ما في خيار تاني؟"

"لا هِنِّ الجّماعة (قصْدو داعِش) عطوني خياريْن وَقْت وْصِلْت لهوْن. يا إمّا إسْتنّى هوْن لحتّى يِتْأكّدوا مِنّي ويِسْمحولي بِالدُّخول."

"ويا إمّا...؟" عيسى قال.

"Hey, Issa. Welcome!"

While Issa and Muhammad were setting up the tent, Muhammad was explaining to Issa where he could get his daily needs of water, bread, food, and firewood for the stove and making food. Also, there are two young men from the camp who started helping them without asking if they need help. One was cleaning the ground, and the other was knocking the tent peg into the ground.

"Have you been here long?" Issa asked.

Muhammed [said], "Yes, I have been here a while, a few months

"And what are you waiting on?"

"I no longer know what I'm waiting for here. I arrived a few months ago, like the rest of the people, but they prevented me from entering for security reasons, and I have to wait here until they let me in."

"Well, what is the solution? Are there no other options?"

"No. The people (ISIS) gave me two options the moment I got here. Either I wait here until my identity is confirmed."

"Or..." Issa said.

مْحمّد مع اِبْتِسامِة. "الخِيار التّاني قالولي بِرْجع مِن مكان ما جيت أنا وأهْلي."

"مع إنيّ خبرّتْن إنيّ هرْبان مْن القصِف وأخي مات مِن يوْميْن، وأنا هربتِ مع عيْلتي وجِبْت وْلاد أخي معي لهوْن."

"بسّ كيف الوَضع هوْن؟"

"الوَضع تمام. لحدّ هلّأ أمان، بسّ بِدّك تْعاني شْوَيّ مِشان تْأمِّن الأكِل والشُّرْب. بسّ كيف ما كان أحْسن مْن القصِف و الطّيَران والبراميل."

"ما حدا مِرْتاح غيرْ اللي ماتوا."

وكفّى مْحمّد: "بسّ ما مْنِعْرِف لايِمْت رح يْضلّ الوَضع آمِن. صارْلا كم يوْم في طيَران حرْبي بِالجّوْ، وما مْنِعْرف ويْن بِدّو يْكون القصِف المرّة الجايّ."

"خلّينا نْخلّص تجْهيز الخيْمِة وإرْتاح أنا عيْلتي اللّيْلِة، وبُكْرا بيِجي مع بُكْرا. هيْك كان ردّ عيسى وهُوّ عمّ يْمِدّ الكرْتون بِأرْضيةْ الخيْمِة ومْحمّد عمّ يْشِدّ حبال السّقِف."

Muhammad with a smile. "The second option, they told me to go back to where my family and I came from."

"Although I told them that we escaped from the bombing and that my brother died two days earlier, and we escaped with my family, along with my brother's children."

"But how is the situation here?"

"The situation is good, so far, the place is safe, but you will struggle to get food and drink. But with all this, it is better than bombing, warplanes, and barrel bombs."

"No one rests except the dead."

Muhammad continued his speech, "But I don't know whether the situation will remain safe. It has had many days in warfare in the air, and we do not know where the next bombing will take place."

"Let's get the tent ready, and rest with my family tonight, and save tomorrow's worry for tomorrow. This was Issa in response when he was putting cardboard on the tent floor, and Muhammad was pulling the roof ropes."

كان بال عيسى على طول مشْغول، ما بيوَقِّف ثانْيِة حتَّى وهُوِّ نايِم بيكون عمّ يْفكِّر، وبْهاللّحْظة خطر بِبال عيسى إنّو يْشارِك أفْكارو مع مْحمّد. تْطلّع عليْه بسّ ما حِسِن يْقول شو بِبالو.

"خيْر عيسى؟ فيك شي؟"

"لا. ما في شي. وعْيون عيسى بِأرْض الخيْمِة. بسّ كان عِنْدو كْتير أسْئِلِة وبِدّو جَواب، بسّ سْنين الحرْب علّمِتو إنّو ما يْشارِك أفْكارو مع حدا."

"مْشان تْعيش لا تْفكِّر، تفْكيرك خطّ أحْمر. رجِع تْطلّع بْوِجْه مْحمّد وابْتسم."

"فهْمان عليْك اللي بِبالك بِبالي. نظْراتك والأسْئِلة اللي بِراسك بعْرِفا. بعْرِف شو بِدّك تِسْأل.

المَوْضوع بِاخْتِصار، نِحْنا هوْن لسبب واحِد، لا أسْباب أُمْنية ولا لأَوْراق ثُبوتية، وَلا كِلّ هالحكي الفاضي.

نِحْنا هوْن دْروع بشرية، يَعْني حاجِز التّفْتيش بِدّو حمايِة مْن الطَّيَران. شو أفْضل طريقة مِشان تِحْمي حالك إذا إنْتِ بمِكانُن؟ المدنيّين هُوِّ الحلّ.

Issa's mind was always busy and did not stop for a second. Even in his sleep, he was thinking for a moment it crossed his mind to share his thoughts with Muhammad. He looked at him with a smile and could not open his mouth with a word.

"Well, Issa? Is something wrong?"

"No. There is nothing. And the eyes of Issa were looking at the land of the tent. But he actually has a lot of questions that need answering. But the years of war taught him to be careful not to share thoughts with anyone."

"In order to survive, don't think. Your thoughts are a red line. He looked back at Muhammad's face and smiled."

"I understand you very well. I know what is going on in your head. The way you look and the pressing questions in your head, I can feel them. I know what you want to ask.

Long story short, we are here for one reason only, and not for security reasons or identity papers, nor for all of this nonsense.

We are here as human shields. The checkpoint needs protection from warplanes. What is the best way to protect yourself if you are in their place? Civilians are the solution.

إذا فوَّتوا كُلّ العالم، الحاجز رح يْكون هدف سهِل للطَّيَران الحرْبي أَوْ لأيّ هُجوم. بسّ وَقْت يْكون في خِيَم ومدنيّين، الطَّيَران الحرْبي ما بيْقصُف.

طبْعاً القصف بْيرْجع لجِنْسية الطيّار. إذا الطّيّار سوري أَوْ روسي أَوْ إيراني، ما بيْفرْق معْن مدني وَلّا عسْكري. بسّ بِالوَقْت الحالي النِّظام وحُلفائو صْحاب هِنِّن والجّماعة (داعِش) لأسْباب نِفْطية.

وإذا طَيَران التّحالُف، ما بيْحِسْنوا يْقْصْفوا لأنّو في مدنيّين. بْتعْرِف شو يا عيسى؟

كِنّا مِتْوَقّعين إنّو النِّظام يْسْقُط. وبعْديْن تْبلِّش معاناتْنا بْتأْسيس البلد مِن جْديد. بسّ أُمراء الحرْب غْتصبوا الثَّوْرة بمِهْدْها. وقضوا على كِلّ أمل بِالحَياة. نِحْنا سِلْعة لِلْبيْع والشّاري يَلّي بْيِدْفع أكْتر."

تْطلّع مْحمّد وَراه لقى عيسى قاعِد بِالأرْض وسرْحان وشكْلو ما رح يِحْسن يوقف على حيْلو مْن التّعب.

"رح إبْعتْلك مرْتك ووْلادك مِشان تِرْتاحوا وبُكْرا بْشوفك. بيِلْزمك شي هلّأ؟"

If they let all people enter, the checkpoint will be an easy target for warplanes or any other attack. But with the presence of civilians and tents, warplanes will not bomb.

Of course, the bombing depends on the nationality of the pilot. If the pilot is Syrian, Russian, or Iranian, they do not differentiate between civilian or military. But at the moment, the regime and its allies are friends with the people (ISIS) for oil reasons.

And if it were the coalition warplanes, they would not do this because of the presence of civilians. Do you know what, Issa?

We expected the regime to fall, and then our suffering would begin in building a new country. But the warlords usurped the revolution in the cradle. And they executed all hope in life. We became things for sale, and we will follow whoever pays the highest prices."

Muhammad looked behind him and found Issa sitting on the floor, absent-minded. It seems that he will not be able to stand tall from fatigue.

"I will send you your wife and children so that you can rest, and I will see you tomorrow. Do you need anything now?"

"لا شُكْراً أبو حُسام. أيْ بعِد إذْنك إبْعتْلي عيلْتي. خلِّيْن يِجوا يِرْتاحوا، صارْلْنا كم يوْم على أعْصابْنا وما عْرِفْنا النّوْم مِن إسْبوع."

"طيِّب السّلام عليْكُم." طِلع مْحمّد برّا الخيْمِة.

عيسى ما تْحرّك وَلا حركِة. ضلّ على قعِدْتو. كان مِشْتِهي السّيكارة بسّ إذا الجماعة (داعِش) بيشِمّوا ريحِةْ الدِّخّان، فِيا قطِع أصابِع. وبعْديْن ما في دِخّان بِكِلّ المنْطِقة. إذا بدّك تْعيش لازِم تِتْخلّص مِن شهْواتك.

بْتسم عيسى وَقِت دخْلِت عليْه مرْتو ووْلادو. الوْلاد مبْسوطين بِالمكان الجّْديد وعم يِتْجادلوا كِلّ واحد ويْن مكانو بِالخيْمِة.

قعدِت مرْتو حدّو وقالت: "فْهِمْت شو الموْضوع لا تْتعِّب حالك وتِشْرحْلي. إمّ حُسام شرحِتْلي كِلّ شي. وكمان حطِّت عشا وحلفِت إنّو ناكُل معْن. وبعتِت معي أكِل مِشانك."

باس عيسى مرْتو على جْبينا وهُوِّ مِبْتِسِم وقال: "الله لا يِحْرِمْني مِنِّك."

"ماني مِشْتِهي آكُل، بِدّي أَنام."

قامِت مرْتو ورتّبِت الخيْمِة للنّوْمِة وعيسى ما تْحرّك مِن أرْضو، عم يِبْتِسِم وعم يِتْطلّع على الوْلاد كيف عم يِلْعبوا تحْت الغطاء. الابْتِسامِة هِيِ الشّيء الوَحيد يَلّي كان بْيِحْسن يَعْطِيا بِهديك اللّحْظة.

"No, thank you, Abu Hussam. Yes, please send my family here. Let them come and rest. We lived under a lot of stress for the past few days and didn't sleep for a week."

"Okay, peace be upon you." Muhammad left the tent.

Issa did not move an inch. He remained in his position. He craved a cigarette, but if the people (ISIS) smelled the smoke, the result would be fingers cut off. Also, there are no cigarettes in the whole area. If you want to live, you must get rid of your desires.

A smile raised on Issa's face when his wife and children entered. The children are happy in the new place, and they are arguing with each other to take their place in the tent.

His wife sat next to him and said, "I understood what happened, don't waste your time explaining to me. Imm Hossam explained everything. She also made dinner and swore to share the food with us and sent some food with me for you."

Issa kissed his wife on her forehead, smiling, and said, "I hope that God does not deprive me of you."

"I'm not hungry. I want to sleep."

His wife got up and started preparing the tent to sleep, and Issa did not move from his place, smiling at his children, who were playing under the blankets. A smile is the only thing he was able to give in the moment.

تْسطّح مِشان يْنام ومرْتو حدّو.

"بْتعْرِف إنّو أنا مِسْتعِدِّة روح معاك لآخِر الدِّنْيي."

"عيسى، بعْرِف. وإنْتِ اللي بِتْقوّيني مِشان كفّي المِشْوار."

"بسّ في سُؤال على طول ويْن ما رِحْنا بيضلّ مْلاحِقْنا."

"شو؟"

"لَويْن رايْحين؟!"

نامِت عيْلِةْ عيسى وما بْيِعرْفوا شو مِنْتِظْرِنْ بِاليوْم التّاني.

اِنْتهِت القِصّة، بسّ الرِّوايِة لِسّاتا مِسْتمِرِّة. مْهجّرين بِبْلادُن والغِراب عمّ يْعامْلوهُن على إنُّن غُرْب.

ما بيناموا كْتير، لهيْك ما بْيِحْلموا.

الشّي الوَحيد يَلّي مِتْأكّْدين مِنّو إنّو الثَّوْرة بلّشِت، بسّ ما بْيَعِرْفوا إذا رح يْشوفوا النِّهايِة.

He laid down next to his wife to sleep.

"You know that I am ready to go with you to the end of the world."

"Issa, I know. You are the one who gives me strength to keep going."

"But there is a question that keeps haunting us wherever we go."

"What is it?"

"Where are we going?!"

Issa's family went to sleep and did not know what awaited them the next day.

This narrative has ended. But the story is still continuing. They're Immigrants in their [own] homeland, and the strangers treat them as if they are strangers.

They don't sleep much, so they don't dream.

The only thing they are sure of is that the revolution has begun. But they don't know if they will ever see the end.

Arabic Text without Tashkeel

For a more authentic reading challenge, read the story without the aid of diacritics (tashkeel) and the parallel English translation.

لوين رايحين؟

حط أغراضو بالسيارة بيك أب، قديم بس شغال وبيمشي، متل ما هالوطن ماشي.

قال لولادو: طلعوا يا بابا بالسيارة من ورا واقعدوا فوق الأغراض مشان ما يطيرن الهوا.

شتوية ٢٠١٥ كانت باردة على غير العادة. كان البرد بيقص المسمار.

مرتو قاعدة بالسيارة من قدام، وحاملة ولد بين دياتا. وشاردة بالمراية عم تتطلع على دمار البيوت.

الولد عم يبكي، والإم مانها سامعة شي. براسها بس صوت القذائف والتفجيرات وصيحات الناس من الليلة الماضية.

صوت تسكير باب السيارة خلاها ترجع للواقع.

تطلعت بزوجا وقالت: "وهلأ لوين؟"

قلا: "لوين يعني؟ بلاد الله الواسعة. بالوقت الحالي ما في غير مشرق."

قالت مرتو: "مشرق!؟ داعش؟"

"يا إم محمد، وين بدنا نروح. مغرب؟ لعند النظام يلي عم يآجر فينا كل يوم، ودمر بيوتنا وقتل إخواننا وأصحابنا وأهلنا وولادنا؟ بعرف إنو رح نمشي لمكان فيو داعش، بس ما في خيار تاني. وبعدين منشوف شو بدنا نعمل. هلأ أهم شي نوصل لمكان نرتاح فيه من القصف و نومتنا بالقبو لإسبوع."

قاطعتو مرتو: "بس يا أبو محمد وين بدنا نقعد؟ بالشارع متل ما صار فينا المرة الماضية؟"

"الله بيفرجا متل ما فرجا من قبل." جاوبا أبو محمد. وكفا كلامو: "منقعد كم يوم بالسيارة، والخيمة لساتا موجودة وفي بطانيات معانا. بس خلينا نوصل لأي مكان ما يكون فيو قصف، ونلاقي أي مكان نحط فيه الخيمة مؤقتا. وخلينا نوصل بخير وسلامة بالأول، ومشان النومة لا تاكلي هم. بس خلينا نعبر الحواجز بخير وسلامة ونوصل منطقة ما يكون فيها قصف وطيران وبراميل.

طالع عيسى باكيت الدخان وسحب سيكارة، ورمى الباكيت على تابلو السيارة، وتطلع ع اللي فضل من البيت، وهز راسو... ومشيت السيارة.

بعد ساعتين سواقة، فجأة حاجز بالطريق. عالم لابسة أسود بأسود والعلم أسود. الشي الوحيد بهي اللحظة يلي كان ملون هي دقونن.

فوريا عيسى عرف مين هدول. "بلا ما نوقع بالمشاكل مع حدا." هيك قال عيسى وهو عم يكب باكيت الدخان من شباك السيارة.

وقفو الحاجز، قرب عليه واحد أسمر، مخفف شواربو، ودقنو طويلة، والسلاح تحت باطو موجه على عيسى، وعيونو بعيون عيسى. كإنو جاي يضربو.

دخل راسو من شباك السيارة المفتوح حتى حس عيسى بنفسو على وشو.

سألو: "من وين جايين؟ لوين رايحين؟

وبس عيسى بلش يحكي: "هربنا من قصف مبارح... صرلن..."

قاطعو الأسمر وقالو: "أوراقكم."

أخذ عيسى الأوراق من جيبو وعطاه ياهن.

"دفتر العيلة وشهادات الولادة، وشهادات الوفاة."

سألوا الأسمر: "ما معك إثباتات ثانية غير دفتر العيلة؟

"انحرقوا مع بيتنا بالغوطة. وهدول كل الأوراق يلي صفيانين معي، وفي شهادات الميلاد وشهادات وفاة ولادي إذا بيلزموك بشي؟" جاوبو عيسى.

وكمل عيسى بالحكي: "هي السيارة وكل يلي فيا هو يلي صفيلي بهالدني و..."

قاطعو الأسمر مرة تالتة ومانو عاطي أهمية لكل حديث عيسى: "ليش حالق دقنك، ليش لابس هيك لبس؟ لازم لبسك يكون فضفاض، وفوق الكاحل بشبر... بعدين ليش بنتك مانا محجبة؟"

"بس بنتي عمرا ٨ سنين!" جاوب عيسى باستغراب.

"أي و٨ سنين؟ صارت صبية. والبنات يلي بجيلا بعد سنة بيصيروا خرج زواج."

نصدم عيسى من كلام الأسمر. "إن شاء الله بعمل كل يلي أمرتني فيه."

صوت واحد عم ينادي ع الأسمر، أبو أسامة. "الأمير بدو ياك. روح فوريا وعالسريع."

الأمير رتبة قيادية بين صفوف داعش، وغالبا كانت هالرتبة للمهاجرين الأجانب المنضمين لداعش.

"استناني هون." هيك أبو أسامة قال لعيسى قبل ما يركض وبإيدو دفتر العيلة تبع عيسى.

إم محمد بسخرية: "أبو أسامة والأمير وأبو فلان وعلان... لك وين نحنا! بسوريا؟

عيسى: "لك سكتي لا حدا يسمعنا. هدول ما معن لعب، قصدو داعش، قطعة الراس عندن متل قولة المرحبا، يعني إذا بيصير علينا شي هلأ مين بضل للولاد؟ ما ضل عندن لا خال ولا عم ولا جد ولا حدا. حتى خوالن وعمامن يلي فضلوا. نصن بالمعتقل والنص الثاني برا البلد، وكل واحد عندو حمل ما بتشيلو الجبال، وبيحسدوا الميتين من همن.

إم محمد: "لك بعرف بس شي بيجنن، يعني جايين يعلمونا الدين كإنو نحنا من كوكب تاني، تحملنا كل هالسنين تحت القصف والدمار والقذائف مشان الولاد. بس الجنة مو بس إلن."

"أبو أسامة عم يلهث وقف عند سيارة عيسى وقال: "نزول من السيارة وتعال معي!"

سألتو إم محمد: "خير يا أخي شو في؟"

"لا، ما في شي بس الأمير بدو يشوف صاحب السيارة. وأمرني إني جيبو ع المكتب. بس شغلة كم سؤال وبرجعوا." هيك قال أبو أسامة.

وهو عم ينزل من السيارة تطلع عيسى على مرتو وقال: "ديري بالك على الولاد إذا صار علي شي."

عند باب غرفة بنص الخيم. كان عيسى عم يستنى يفوت لعند الأمير. بس كل يلي مر فيه بالسنين الماضية خلت عيسى ما يخاف، لا من أمير ولا وزير ولا حتى رئيس. يلي خسرو بالسنين الماضية خلتو فاضي من جوا. بيشبه الإنسان من برا، بس روحو ماتت من زمان، من وقت أول قصف بالغوطة وموت أهلو واتنين من ولادو.

نسمة هوا عم تحرك الخيم والشجر حول الغرفة.

تعبان وعيونو حمر، أواعيه مشققة ووسخة. نحيف من جوع الحصار يلي صار بالغوطة، ومن يومها الجوع ما فارقو. عيسى واقف متل عامود الكهربا ولا حركة ساكن. للحظة بتحس إنو ما في نفس لا شهيق ولا زفير. عيونو بالأرض مفتوحين كإنو مركز بشي بس ولا رمشة أو حركة.

لو شفتوا بهديك اللحظة لعيسى، ليوقف قلبك من السكون يلي كان مسيطر ع المكان، بتحس إنو ما في حدا بهالكون غير عيسى.

وبصوت جاي من بعيد: "يا أخي! أخي... إنت هون؟ فوت، الأمير مستنيك."

رفع راسو ومشي لعند الباب. كان مخو مشوش، لحتى وقفتو برداية الباب، رفع البرداية بإيدو اليسار ودخل.

"السلام عليكم."

رد الأمير: "وعليكم السلام."

أول شعور حس فيه عيسى بالغرفة، حس بالدفى. صوبية الحطب شغالة ولونا أحمر من كتر مانا حامية.

الأمير قاعد ورا مكتب، شكلو مانو سوري أو عربي. حتى لغتو العربية مكسرة.

قال لعيسى: "قرب تعال!"

تحرك عيسى وقرب من طاولة المكتب وعيونو عم تطلع ع الأوراق الموجودة فوق المكتب. بين الأوراق كان دفتر العيلة.

تنحنح الأمير وسأل: "إنت كنت بمناطق النظام [قصدو النظام الحاكم] وهلأ جاي تدخل على مناطقنا. بدون أوراق ثبوتية. أنا شو بعرفني إنك مانك عميل للنظام؟ أو بجوز عميل لشي دولة ثانية؟ أو بجوز قسد [قوات سوريا الديمقراطية] الكرد؟

"أنا يا سيدي..."

"لا تقلي 'يا سيدي'." قاطع الأمير عيسى.

تنهد عيسى وقال: "طيب يا أخي، أنا صار لي ٤ سنين مشرد من مكان لمكان، ومن بيت لخيمة ومن خيمة لبيت. قعدت بكل مكان تقريبا من هون للغوطة. تحاصرنا وجعنا، نذلينا وخسرنا كل حدا غالي علينا. عشت أيام مع عيلتي ما بيعرف فيها غير رب العالمين..."

"يعني مفكر إنت الوحيد يلي مر بهيك شي. شوف إخوانك المجاهدين، تركوا كل شي والتحقوا بصفوف الدولة الإسلامية [داعش]. وقدموا أرواحن فداء للدولة، جاءوا من كل مكانٍ بالعالم لينصروا الدولة [باللغة العربية الفصيحة طبعا]."

وكفى الأمير: "تركنا بلادنا وأرضنا وجينا منشانكن..."

بهي اللحظة عيسى غرقان بأفكارو والحيرة باينة على وشو، ما عم يسمع شي من حكي الأمير. فهم اللعبة يلي عم يلعبا الأمير معو. ومر ببالو إنو نفس الأفكار ونفس الحكي سمعو من قبل طول سنين الحرب الماضية. بس بوش تاني ودقن.

كانت أفكارو عم تصرخ بأعلى صوت كلن متل بعض. نفس الشعارات الرنانة، نفس الكلام عن الموت في سبيل قيام الدولة، سواء الدولة السورية، أو الدولة الإسلامية (داعش)، أو الدولة الكردية. أو…

قائمة أسماء دول كثيرة. بس أرض سوريا ما بتوسع لكل الدول! بتوسع بس للسوريين.

ليش لازم كون مع طرف ضد طرف؟ لازم كون مسلم حتى أدخل مناطق داعش؟ أو كردي حتى أدخل مناطق الكرد. أو علوي مشان أدخل مناطق النظام؟

السوري يلي مانو مع أي حدا، ما عاد في إلو مكان بسوريا؟!.

وليش على طول شعاراتن بتحكي عن الموت في سبيل القيام؟ ما بيمشي حال قيام الدول بدون الموت؟!.

بعدين إذا متنا لمين بدنا نضحي؟! كل يلي خسرناه مو كافي؟!

لازم يموتوا كل الناس مشان تحيا الدولة؟

يعني ببساطة عم يطلبوا إنك تموت إنت وأهلك وأولادك وكل السوريين مشان هنن يعيشوا.

وقت خلص الأمير حكي، هز عيسى راسو كإنو عم يسمع لكل حرف قالو الأمير.

وبلش عيسى حكي: "معاك حق بكل شي قلتو، وأنا ما عم قول إنو أنا الوحيد يلي مر بهيك وضع. بس كنت عم حاول إشرحلك ليش ووين ضيعت أوراقي، وبتمنى إنك تساعدني. صارلي أكتر من إسبوع تحت القصف…"

قاطعو الأمير: إنت عم تقول إنك كنت بالمكان الفلاني؟ وين كنت ساكن، بأي حارة؟ شو كنت تشتغل؟ شو في علامات مميزة بالمكان؟

فورا عيسى جاوب: "كنت ساكن بالمنطقة كذا، بالحارة كذا، صاحب البيت إسمو كذا، وكنت إشتغل خباز بالفرن يلي بالشارع كذا وإسم صاحب المحل كذا..."

تقريبا ذكر عيسى كل المعلومات المطلوبة وزيادة.

"بتعرف شو مصيرك إذا المعلومات كذب؟"

عيسى بسرعة وبطريقة عفوية وبدون تفكير: "الموت!"

هز الأمير راسو وقال: "طيب... بالوقت الحالي بدك تنتظر حتى نتأكد من كل المعلومات يلي ذكرتا، وبس تأكدنا منخبرك وبعدين بتكفي طريقك بالسلامة."

"طيب، السلام عليكم." قال عيسى وطلع برا الغرفة بخطوات سريعة وهو عم يتطلع حواليه بطريقو، كإنو مضيع شي. كان الوقت صار المغرب.

وصل السيارة وكل عيلتو كانت قاعدة جوا السيارة (٥ ولاد ومرتو). والبرد كل مالو عم بيزيد.

فتح باب السيارة وقال للولاد: "نزلوا بابا والحقوني خليني صف السيارة. مو بعيد، ٥٠٠ متر."

سألتو مرتو: "شو صار معك؟"

عيسى: "بقلك بعدين. خلينا نلحق نصف السيارة وأنصب الخيمة، رح نبيت هون."

وقف عيسى السيارة بمكان شافو وهو راجع من عند الأمير، وخبرتو بالتخييم خلتو يختار هالمكان. ونزل عيسى فورا من السيارة، وبلش ينزل الأغراض من ورا. كان أول شي موجود فوق الأغراض هي عدة التخييم. الخيمة، حصاير، كرتون ليستخدمو كعازل للأرضية، بطارية سيارة مع لمبة مشان الإضاءة، وبيدونات مي، وتنكة زيت فاضية بيستخدما كدفاية حطب.

في واحد مد راسو من الخيمة يلي جنب سيارة عيسى وقال: "بدك مساعدة؟"

"أي علواه." رد عيسى. "بدي أنصب الخيمة قبل ما تعتم العين وأمن مكان مشان ترتاح فيه عيلتي."

لَوَيْن رايْحين؟ | 44

”ولا يهمك أخي، هدي وطول بالك. وين عيلتك؟ تعالوا يا ولاد فوتوا العبوا هون جوا الخيمة بالدفا. تعالي يا إختي تفضلي وارتاحي هون مع إم حسام، لبين ما جهزنا الخيمة.”

مشي أبو حسام لعند عيسى وسلم عليه وقلو: ”أنا محمد.”

”عيسى.”

”أهلين عيسى!”

عيسى ومحمد عم يجهزوا الخيمة ومحمد عم يشرح لعيسى من وين يجيب حاجاتو اليومية، المي، الخبز، الأكل. الحطب للتدفئة ومشان الطبخ كمان. وفي شابين من المخيم صاروا يساعدوهن بدون ما يسألوا إذا بدن مساعدة. واحد عم ينظف الأرض والتاني عم يدق وتد الخيمة.

”صارلك زمان هون؟” سأل عيسى.

محمد: ”أي صارلي وقت منيح هون. شي كم شهر.”

”وشو مستني؟”

”ما عاد عرفت شو مستني، وصلت لهون من كم شهر، متلي متل باقي العالم، بس منعوني من الفوتة لأسباب أمنية، ولازم إني إستنى هون لحتى يسمحولي بالدخول.”

”طيب وشو الحل؟ ما في خيار تاني؟”

”لا هنٍ الجماعة (قصدو داعش) عطوني خيارين وقت وصلت لهون. يا إما إستنى هون لحتى يتأكدوا مني ويسمحولي بالدخول.”

”ويا إما...؟” عيسى قال.

محمد مع ابتسامة. ”الخيار التاني قالولي برجع من مكان ما جيت أنا وأهلي.”

"مع إني خبرتن إني هربان من القصف وأخي مات من يومين، وأنا هربت مع عيلتي وجبت ولاد أخي معي لهون."

"بس كيف الوضع هون؟"

"الوضع تمام. لحد هلأ أمان، بس بدك تعاني شوي مشان تأمن الأكل والشرب. بس كيف ما كان أحسن من القصف و الطيران والبراميل."

"ما حدا مرتاح غير اللي ماتوا."

وكفى محمد: "بس ما منعرف لايمت رح يضل الوضع آمن. صارلا كم يوم في طيران حربي بالجو، وما منعرف وين بدو يكون القصف المرة الجاي."

"خلينا نخلص تجهيز الخيمة وإرتاح أنا عيلتي الليلة، وبكرا بيجي مع بكرا. هيك كان رد عيسى وهو عم يمد الكرتون بأرضية الخيمة ومحمد عم يشد حبال السقف."

كان بال عيسى على طول مشغول، ما بيوقف ثانية حتى وهو نايم بيكون عم يفكر، وبهاللحظة خطر ببال عيسى إنو يشارك أفكارو مع محمد. تطلع عليه بس ما حسن يقول شو ببالو.

"خير عيسى؟ فيك شي؟"

"لا. ما في شي. وعيون عيسى بأرض الخيمة. بس كان عندو كتير أسئلة وبدو جواب، بس سنين الحرب علمتو إنو ما يشارك أفكارو مع حدا."

"مشان تعيش لا تفكر، تفكيرك خط أحمر. رجع تطلع بوجه محمد وابتسم."

"فهمان عليك اللي ببالك ببالي. نظراتك والأسئلة اللي براسك بعرفا. بعرف شو بدك تسأل.

الموضوع باختصار، نحنا هون لسبب واحد، لا أسباب أمنية ولا لأوراق ثبوتية، ولا كل هالحكي الفاضي.

نحنا هون دروع بشرية، يعني حاجز التفتيش بدو حماية من الطيران. شو أفضل طريقة مشان تحمي حالك إذا إنت بمكان؟ المدنيين هو الحل.

إذا فوتوا كل العالم ، الحاجز رح يكون هدف سهل للطيران الحربي أو لأي هجوم. بس وقت يكون في خيم ومدنيين، الطيران الحربي ما بيقصف.

طبعا القصف بيرجع لجنسية الطيار. إذا الطيار سوري أو روسي أو إيراني، ما بيفرق معن مدني ولا عسكري. بس بالوقت الحالي النظام وحلفائو صحاب هنٍ والجماعة (داعش) لأسباب نفطية.

وإذا طيران التحالف، ما بيحسنوا يقصفوا لأنو في مدنيين. بتعرف شو يا عيسى؟

كنا متوقعين إنو النظام يسقط. وبعدين تبلش معاناتنا بتأسيس البلد من جديد. بس أمراء الحرب غتصبوا الثورة بمهدها. وقضوا على كل أمل بالحياة. نحنا سلعة للبيع والشاري يلي بيدفع أكتر."

تطلع محمد وراه لقى عيسى قاعد بالأرض وسرحان وشكلو ما رح يحسن يوقف على حيلو من التعب.

"رح إبعتلك مرتك وولادك مشان ترتاحوا وبكرا بشوفك. بيلزمك شي هلأ؟"

"لا شكرا أبو حسام. أي بعد إذنك إبعتلي عيلتي. خلين يجوا يرتاحوا، صارلنا كم يوم على أعصابنا وما عرفنا النوم من إسبوع."

"طيب السلام عليكم." طلع محمد برا الخيمة.

عيسى ما تحرك ولا حركة. ضل على قعدتو. كان مشتهي السيكارة بس إذا الجماعة (داعش) بيشموا ريحة الدخان، فيا قطع أصابع. وبعدين ما في دخان بكل المنطقة. إذا بدك تعيش لازم تتخلص من شهواتك.

بتسم عيسى وقت دخلت عليه مرتو وولادو. الولاد مبسوطين بالمكان الجديد وعم يتجادلوا كل واحد وين مكانو بالخيمة.

قعدت مرتو حدو وقالت: "فهمت شو الموضوع لا تتعب حالك وتشرحلي. إم حسام شرحتلي كل شي. وكمان حطت عشا وحلفت إنو ناكل معن. وبعتت معي أكل مشانك."

باس عيسى مرتو على جبينا وهو مبتسم وقال: "الله لا يحرمني منك."

"ماني مشتهي آكل، بدي أنام."

قامت مرتو ورتبت الخيمة للنومة وعيسى ما تحرك من أرضو، عم يبتسم وعم يتطلع على الولاد كيف عم يلعبوا تحت الغطاء. الابتسامة هي الشيء الوحيد يلي كان بيحسن يعطيا بهديك اللحظة.

تسطح مشان ينام ومرتو حدو.

"بتعرف إنو أنا مستعدة روح معاك لآخر الدني."

"عيسى، بعرف. وإنت اللي بتقويني مشان كفي المشوار."

"بس في سؤال على طول وين ما رحنا بيضل ملاحقنا."

"شو؟"

"لوين رايحين؟!"

نامت عيلة عيسى وما بيعرفوا شو منتظرن باليوم التاني.

انتهت القصة، بس الرواية لساتا مستمرة. مهجرين ببلادن والغراب عم يعاملوهن على إنن غرب.

ما بيناموا كتير، لهيك ما بيحلموا.

الشي الوحيد يلي متأكدين منو إنو الثورة بلشت، بس ما بيعرفوا إذا رح يشوفوا النهاية.

Levantine Arabic Readers Series
www.lingualism.com/lar

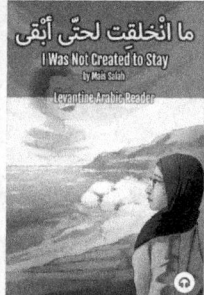

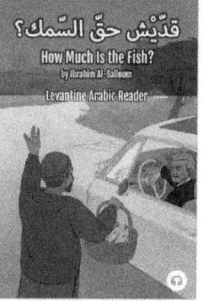

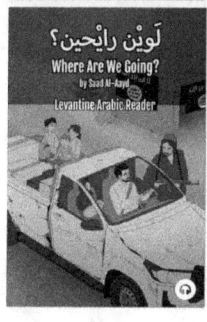

CPSIA information can be obtained
at www.ICGtesting.com
Printed in the USA
LVHW082102250821
696067LV00020B/3625

9 781949 650556